如何开展调查研究

RUHE KAIZHAN DIAOCHA YANJIU

本书编写组 主编

中央编译出版社
Central Compilation & Translation Press

序　言

　　马克思主义理论指出，实践是认识的来源，也是检验真理的唯一标准。在唯物主义发展史上，马克思和恩格斯首次对人类社会实践活动特别是社会物质实践活动给予了充分的注意，揭示了社会物质实践活动在人类社会生活和历史发展中的地位和作用，深刻总结出"全部社会生活在本质上是实践的""理论的方案需要通过实际经验的大量积累才臻于完善"等重要结论。所以对于马克思主义者而言，实践无疑成为解释一切社会关系、社会结构、社会历史的理论工具。

　　调查研究正是对客观实际情况的调查了解和分析研究，目的是把事情的真相和全貌调查清楚，把问题的本质和规律把握准确，把解决问题的思路和对策研究透彻。调查研究是尊重客观规律、发挥主观能动性的典型形式，是一切从实际出发的根本方法，也是贯彻实事求是思想路线的必然要求。

　　调查研究是中国共产党的传家宝，是做好各项工作的基本功。2023年4月3日，学习贯彻习近平新时代中国特色社会主义思想主题教育工作会议在北京召开，习近平总书记出席会议并发表重要讲话。习近平总书记从新时代新征程党和国家事业发展全局的战略高度,深刻阐述开展主题教育的重大意义和目标要求,对主题教育各项工作做出全面部署。习近平总书记在讲话中指出:"这次主题教育不划阶段、不分环节,要把理论学习、调查研究、推动发展、检视整改等贯通起来,有机融合、一体推进。"强调:"按照党中央关于在全党大兴调查研究的工作方案,组织广大党员、干部特别是各级领导干部扑下身子、沉到一线,深入农村、社区、企业、医院、学校、'两新'组织等基层单位,把脉问诊、解剖麻雀,进行问题梳理、难题排查,运用党的创新理论研究新情况、解决新问题。坚持问题导向,增强问题意识,敢于正视问题,善于发现问题,既看'高楼大厦'又看'背阴胡同',真正把情况摸清、把问题找准、把对策提实。"

把大兴调查研究作为重要内容,是学习贯彻习近平新时代中国特色社会主义思想主题教育的一个鲜明特色。要坚持调研开路,运用党的创新理论研究新情况、解决新问题,不断获取新的规律性认识,汇聚攻坚克难、勇毅前行的强大力量。

第一章

在全党大兴调查研究的 12个方面 6个步骤和 6种方式

2023年3月，中共中央办公厅印发了《关于在全党大兴调查研究的工作方案》。《方案》明确，为深入学习贯彻习近平新时代中国特色社会主义思想，全面贯彻落实党的二十大精神，党中央决定，在全党大兴调查研究，作为在全党开展的主题教育的重要内容，推动全面建设社会主义现代化国家开好局起好步。调查研究主要包括12个方面，分为6个步骤，重点围绕6种方式展开。

"12个方面"

01 **贯彻落实**党中央决策部署和习近平总书记对本地区本部门本领域工作重要指示批示精神的主要情况和重点问题。

02 贯彻新发展理念、构建新发展格局、推动高质量发展中的重大问题，推进高水平科技自立自强，扩大国内需求、深化供给侧结构性改革、建设现代化产业体系、落实"两个毫不动摇"、吸引和利用外资，**全面推进**乡村振兴中的主要情况和重点问题。

03 **统筹**发展和安全，确保粮食、能源、产业链供应链、生产、食品药品、公共卫生等安全，防范化解重大经济金融风险中的主要情况和重点问题。

04 **全面深化**改革开放中的重大问题，重要领域和关键环节改革、推进高水平对外开放中的主要情况和重点问题。

05 全面**依法治国**中的重大问题，完善中国特色社会主义法律体系、推进依法行政、严格公正司法、建设法治社会等主要情况和重点问题。

06 意识形态领域面临的**挑战**，推进文化自信自强、建设社会主义文化强国和新闻舆论引导、网络综合治理中的主要情况和重点问题。

07 推进共同富裕、增进民生福祉中的重大问题，巩固拓展脱贫攻坚成果、缩小城乡区域发展差距和收入分配差距的主要情况和重点问题。

08 人民最关心最直接最现实的利益问题，特别是就业、教育、医疗、托育、养老、住房等群众急难愁盼的具体问题。

09 牢固树立和践行绿水青山就是金山银山理念方面的差距和不足，推进美丽中国建设、保护生态环境和维护生态安全中的主要情况和重点问题。

10 维护社会稳定中的重大问题，防灾减灾救灾和重大突发公共事件处置保障短板，处理新形势下人民内部矛盾和强化社会治安整体防控的主要情况和重点问题。

11 全面从严治党中的重大问题，落实党的领导弱化虚化淡化、党组织政治功能和组织功能不够强，干事创业精气神不足、不担当不作为，应对"黑天鹅"、"灰犀牛"事件和防范化解风险能力不强，形式主义、官僚主义，特权思想和特权行为等重点问题。

12 本地区本部门本单位长期未解决的老大难问题。

"6个步骤"

01 提高认识

各级党委（党组）要通过理论学习中心组学习、读书班等，组织党员、干部深入学习领会习近平总书记关于调查研究的重要论述，学习习近平总书记关于本地区本部门本领域的重要讲话和重要指示批示精神，继承和发扬老一辈革命家深入基层调查研究的优良作风，增强做好调查研究的思想自觉、政治自觉、行动自觉。

02 制定方案

各级党委（党组）要围绕调研内容，结合本地区本部门本单位实际，广泛听取各方面意见，研究制定调查研究的具体方案，明确调研的项目课题、方式方法和工作要求等，统筹安排、合理确定调研的时间、地点、人员。党委（党组）主要负责同志要亲自主持制定方案。

03 开展调研

县处级以上领导班子成员每人牵头1个课题开展调研。同时，针对相关领域或工作中最突出的难点问题进行专项调研。要坚持因地制宜，综合运用座谈访谈、随机走访、问卷调查、专家调查、抽样调查、统计分析等方式，充分运用互联网、大数据等现代信息技术开展调查研究，提高科学性和实效性。要深入农村、社区、企业、医院、学校、新经济组织、新社会组织等基层单位，掌握实情、把脉问诊，问计于群众、问计于实践。要转换角色、走进群众，了解群众的烦心事操心事揪心事，发现和查找工作中的差距不足。要结合典型案例，分析问题、剖析原因，举一反三采取改进措施。要加强督查调研，检查工作是否真正落实、问题是否真正解决。

04 深化研究

全面梳理汇总调研情况，运用习近平新时代中国特色社会主义思想的世界观、方法论和贯穿其中的立场观点方法，进行深入分析、充分论证和科学决策。特别是对那些具有普遍性和制度性的问题、涉及改革发展稳定的深层次关键性问题，以及难题积案和顽瘴痼疾等，要研究透彻、找准根源和症结。在此基础上，领导班子交流调研情况，研究对策措施，形成解决问题、促进工作的思路办法和政策举措，确保每个问题都有务实管用的破解之策。

05 解决问题

对调研中反映和发现的问题，逐一梳理形成问题清单、责任清单、任务清单，逐一列出解决措施、责任单位、责任人和完成时限。对短期能够解决的，立行立改、马上就办。对一时难以解决、需要持续推进的，明确目标，紧盯不放，一抓到底，做到问题不解决不松劲、解决不彻底不放手。

06 督查回访

各级党委（党组）要建立调研成果转化运用清单，加强对调研课题完成情况、问题解决情况的督查督办和跟踪问效；领导干部要定期对调研对象和解决问题等事项进行回访，注意发现和解决新的问题。

第二章
做好调查研究"八步法"

能否科学有效地进行调查研究,关键在于是否有科学合理的调研设计,并将之按照步骤实施。在调研实际开展前,所设计的每个步骤都应该具有特殊意义和明确目的,这些基本步骤能够保障调研的顺利实施和推进,最终保障调研结果的可靠性和科学性。一般的调查研究,可以分为以下八个步骤来实施。

"八步法"

第一步 确定调研主题

选择和确定调研主题是一项调研活动的起点,决定调研工作的方向,也是调研活动的基础。要遵循以下原则,来确定调研主题。

一是必要性原则。调研主题应紧紧围绕经济社会和各项事业发展过程中迫切需要解决的理论和现实问题来确定,或者选择虽然当前不是非常迫切,但是具有潜在的理论价值和实践意义的主题。

二是可行性原则。调查研究要量力而行,要依据调研者自身能力和调研对象的现实条件确定调研主题。现实条件包括:调研经费、人力和其他物质条件,相关部门、被调研单位,以及调研对象的支持程度,调研人员的专业素质和实际能力等。

三是适当性原则。调研课题所研究的内容范围的大小与调研目标、调研力量等情况要相适应。既不能围绕解决一个比较小的问题,而制定过于宽泛的调研主题,也不能围绕解决一个系统性问题,而在调研主题确定上"蜻蜓点水"。总之,调研主题要与调研所需解决的实际问题相适应、与调研力量和各方面支持保障相适应。

四是创新性原则。调研主题的确定应该秉持创新性和独特性,要通过新知识、新方法、新观点、新材料去解决实际问题。只有具有一定新颖性、独特性和先进性的课题,才真正具有调研意义。

第二步 做好调研筹备

在调研正式开展前,要尽可能地广泛收集、阅读、消化与调研主题相关的政策,法规,文件,以及专家学者的理论文章等,领会中央和上级党委有关指示精神,了解历史背景,掌握现时的发展动态等。在有条件的情况下,还可就选定的调研主题征询相关专家、学者和领导干部的意见,与相关人员座谈,以便进一步了解调研的可行性、明确调研内容、增加感性认识,为制定调研方案奠定基础。

第三步 制定调研方案

制定调研方案,要做到以下五个"明确":

一是明确目的。开展调研的根本目的是调研活动的出发点和落脚点。因此,在调研活动伊始,必须明确开展这次调研的主要原因是什么,通过什么方法搞好这次调研,要通过调研解决什么问题,最终能够达到什么目的,等等。

二是明确范围。制定调研方案必须确定此次调研所涉及的业务领域、调研地点、调研活动的开始和结束时间等。通过明确"时间表"和"路线图",就能够在千头万绪的调研活动中"按图作业",对各项活动的时间进行严格控制。

三是明确内容。调研方案的制定要细致、具体,不能笼统、含糊,只作原则性的要求。要明确调研的具体问题有哪些。一般这些调研内容是通过调研问题和调研指标进行反映,因此,方案中调研内容的设计是制定具体实施方案和设定具体指标的重要依据。

四是明确方法。所确定的调研方法,既要能够让调研对象如实地表达真实的想法,又要能够在调研过程中相对简单易行。可使用的调研方法一般有访问调查法、会议调查法、现场观察法、统计调查法、问卷调查法、追踪调查法、互联网调查法等。调研过程中,可使用其中一种,或多种交替使用。

五是明确分工。调研人员一定要是熟悉调研专题相关情况、政治水平高、调研能力强的业务骨干。要明确调研团队的职责分工,调研问卷的编写、座谈会的组织、拍照、记录、调研报告撰写等,都要责任到人。

第四步 确定调研行程

确定合理的调研行程是调研成功的基本保障。要打好提前量，提前与被调研的单位或部门沟通协调，合理安排调研行程。要严格行程计划，不能随性而为、大呼隆。要在与当地充分协商的基础上，提前确定调研点的选取，座谈会召开的时间、地点，访谈对象的大致职务、专业范围等。要特别注意，在调研点的选择上，要注重代表性，先进单位、一般单位、落后单位都应覆盖。在时间的安排上，要注意预留机动时间，为出现突发情况提前做好准备。

第五步 发出调研通知

调研方案报领导审批同意后，要及时向被调研的单位或部门发出调研通知或函。调研通知或函一般需明确调研目的、调研时间、调研行程、调研方法、调研人员、相关要求或需协调解决问题等。如时间特别紧急，也可通过电话方式提前进行预通知，其后再发送纸质通知。总之，通知时间尽量提早，以便被调研单位有更多的时间，做好相关调研准备工作。

第六步 组织调研实施

一项调研活动的组织实施过程，就是调研人员按照方案，科学、完整地完成从收集资料、整理资料、分析资料、完成报告到后续成果应用的整个过程。在调研实施过程中，要做到眼到、耳到、足到、心到，身子沉下去，通过向不同职级层次、业务部门、性别年龄等群体了解情况，从多个角度围绕主题开展调研，力求积累更多的第一手情况，为探寻问题症结、寻找解决对策奠定基础。

第七步 撰写调研报告

完成调研报告是调查研究的重要内容，也是调研工作完成的标志之一。调研报告是调研成果的集中体现，要包括调研方法、调研过程、调研结果和结论，以及落实建议等内容，要对所研究问题进行系统地阐述和说明。同时，调研报告中还需认真、审慎地总结调研的经验，思考调研活动的不足，以及对未来的调研工作的启迪。

尤其是那些涉及面广、政策性强、专业性强的调研报告，在初稿完成后，应分送有关部门征求意见，修改完善。这是决策民主化、科学化的需要，也是提升调研报告权威性的需要。征求意见的范围主要包括调研对象、与之相关的业务部门、专家学者等。

第八步 积极督促整改

调研报告完成后，要将调研成果应用到实践领域或理论领域。针对具体经济社会发展问题的调研，要及时以适当的形式呈报相关领导，发送相关部门。可邀请相关领导出面召开协调会，敦促有关地区或部门及时采取相关措施，解决调研所发现的问题；针对一些政策理论性调研，可以通过智库报告、公开出版、学术研讨、政策论证等方式，充分利用调研成果，以更好地为政策制定、社会经济发展大局服务。

第三章
制定调研方案"五大原则"

调研方案是调查研究工作开展的纲领，是调研前期准备工作中最基础的环节，科学合理的调研方案，能够让调研工作事半功倍。制定调研方案，需要把握以下五个重要原则。

一 调研目的要清晰明确

调研目的是调查研究工作的出发点，也是落脚点，是作为调研工作的一条主线，贯穿整个调研过程。因此，可以说，调研方案正是紧紧围绕调研目的来制定的。

拟订调研方案首先要明确调研的目的、意义是什么，在理论和应用方面有哪些作用。要紧扣调研主题，明确此次调研是总结典型经验还是查找解决问题，是为理论研究服务还是为领导提供决策参考，或者是为了推动一

三 调研方法要行之有效

确定选用的调研方法，要有利于调研者对待调研对象采取实事求是的态度，不能歪曲事实，也不能主观臆测；要有利于将调研对象放在有组织的系统中进行考察。常用的调研方法主要有：召开座谈会、实地察看、个别谈话、查阅资料、问卷调查、网络调查等，在调研过程中一般会视情况综合使用多种方法。

行之有效的调研方案，要对调研活动如何实施做出具体的方式方法和安排。比如开展问卷调查，要对参加人员的范围限定、时间场所要求、被调研单位需注意的事项等做出明确要求；召开座谈会，要对座谈主题、参会人员、会场要求等写明白，以便被调研单位提前做好向相关保障工作。

项具体的重点难点工作。同时，还要说明本调研要解决什么社会问题，这些问题是怎么形成的，是从哪些角度出发提出来的，解答这些问题会导致哪些新的发现等。

　　总之，调研目的的阐述要重点突出、语言明了、指向明确，准确直观地表达出此次调研将重点围绕什么问题、以什么方式开展调研、达到什么样的目的等。

调研对象要全面精准

　　调研对象的选取是制定调研方案的重要内容，选取对象的准确与否，直接关系到调研的成败，必须认真研究，不能大而化之。调研方案必须对调研对象做出说明，说明调研对象是个人还是组织或群体，调研对象的数量有多少，相关人员选取的限定标准是什么，等等。调研对象的选取要突出代表性、典型性、覆盖性，要尽量通过局部样本反映整体情况。同时，也要考虑特殊情况。因此，调研对象的选择要兼顾整体性和特殊性，做好平衡。

四 调研安排要科学合理

要确定调研的总期限。对什么时间做什么、需要多长时间有大致安排。一般来说，调研时间要服从调研课题和内容的需要，排出具体进度表，标明调研中每一个具体步骤所需的时间，以控制调查研究计划的进程。

要结合调研总体任务量的大小，对总体时间有预估和把握，过长或过短都不合适。时间过长会浪费人力、物力、财力，影响工作效率，时间过短则有可能对一些问题的调研不深不透，达不到调研目的。

围绕调研各阶段，也要做好具体的时间分配。比如在调研展开阶段，时间上要尽量安排得充分一些。安排座谈会，要预留一定时间，以便让参加人员能够畅所欲言。实地调研，要注意路上行程时间的安排，对一些突发情况，做好时间上的准备。

五 调研力量要统筹搭配

　　调查研究是一个分工协作的系统性工程，需要一个明确的分工来确定调研组各成员在整个调查研究中的职责和责任，然后通过协作配合共同完成调研任务。在拟订方案过程中，要对调研组人员进行合理选定，根据调研课题的内容和任务要求，选择参加人数和组成结构。

　　这其中，调研组领导是整个调研力量的重要统领。领导要把握全局、统筹组织相关活动、主持座谈会、审核把关调研报告等。一些重要的个别谈话，也要由领导亲自进行。

　　还要配备有调研经验的业务骨干。调研活动不同于一般业务工作，主要是与人、与实际情况打交道。相关业务骨干有这方面的实际经验，通过较短时间的观察就能够"透过现象看本质"，这对于深挖问题实质、延伸调研深度必将起到非常重要的作用。必要时，也可邀请相关领域的专家学者、研究机构、统计技术人员等共同参与。

　　更重要的是要有善于总结梳理、撰写调研报告的工作人员。调研报告撰写人员一定要全程参与调研，使之对被调研的单位或地区先有感性认识，并在调研过程中，能逐步形成正确的理性认识。这些，都是完成一份高质量的调研报告，撰写者必须具备的。

　　总之，一支结构合理的调研队伍，要有能够谋划全局的领导者和组织者，要有具备相当理论水平和实践经验的研究者。必要时，还可以配备懂数学的数理统计人员和计算机专业人员。还要考虑人员的性别搭配和年龄搭配。

第四章
调查研究常用"十法"

　　调研方法是指调研开展者为了达到调研目的所采取的途径和手段。方法用对了，会事半功倍。为了达到调查研究的目的，必须讲究调研方法。调研方法多种多样，要根据所调研的问题、客观环境和调研者的主观条件来适当选择。在各类调研中，机关、部门、单位常用的调研方法主要有以下十种。

方法一 实地观察法

实地观察法是调查研究中收集资料的基本方法之一，是指调查者在实地通过观察获得直接的、生动的感性认识和真实可靠的第一手资料。在实地观察活动中，调查者需要深入实地现场，在相对自然的状态下，观察调研对象的行为、状态。因该方法所调查到的往往是事物的表面现象或外部联系，带有一定的偶然性，且受调研者主观因素影响较大，因此，不能代表被调研单位或地区的普遍现象，需要结合其他调查方法收集资料。该调研方法通常采取同步记录、事后追记、卡片记录等方式进行。

方法二 访谈调查法

访谈调查法是最普遍、最重要的调研方法之一，该方法适用于拟调查的问题比较深入，调查对象差别较大，调查的样本较小，或者调查的场所不易接近等情况。访谈调查法通常是指访谈对象与被访谈对象之间通过面对面的交谈，了解被访谈对象对相关问题的认知、看法的一种方法。包括个别访谈法、集体访谈法、电话访谈法、网络访谈法等。但由于访谈对象经验水平的不同，实施标准并不一致。且这种方法耗时长、成本较高、受周围环境影响比较大，故难以大样本进行。

方法三
会议调查法

会议调查法是在调查研究中比较常用的一种方法，主要是通过邀请若干调查对象召开座谈会，通过访谈的形式搜集资料、分析问题、寻找对策。该方法最突出的优点是效率比较高，可以较快地了解比较详细和全面的相关信息，节省人力和时间。但由于这种方法是集中调研对象，公开进行，因此，社会心理因素影响较大，调查结论往往难以全面反映真实的客观情况。且受时间等条件的限制，调查者和调查对象之间很难做深入细致的交谈，相较访谈调查法，调查成果的质量受到一定程度的影响。

方法四
问卷调查法

问卷调查法是调查者利用一份精心设计的调查问卷，通过由调查对象填写或者由调查对象回答、调查者填写的方式，进行数据收集的方法。该方法最不受时空限制，对较大范围的调查对象进行普遍调查，适用于对现实问题、较大样本、较短时期、相对简单的调查。由于该方法主要采取书面形式进行，因此，了解到的情况一般来说生动性、具体性欠佳。因此，必须同时配合实地考察、个别访谈等方法，以期在对所调查问题有普遍性的书面反映的基础上，加以具体的理性认识。

方法五
专家调查法

专家调查法是指组织某一领域的专家，运用专业知识和经验，对调查对象的过去、现状及发展趋势等进行分析研究，从而对调查对象未来的整体发展趋势和状况做出科学判断的方法。专家调查法特别适用于缺少信息资料和历史数据，而又较多地受到社会的、政治的、人为的因素影响的信息分析与预测课题。一般运用在对相关调研对象做出整体评价、排除先后名次、进行不定量估计等。

方法六
普遍调查法

普遍调查法，是一项全面调查活动，是对调查对象的全部单位逐一地、全面地进行调研，以达到了解调查对象总体情况的调研方式。普遍调查的主要目的是了解、把握某一社会现象的总体情况，得出具有普遍意义的结论。根据调查对象涉及范围的大小，一般分为宏观、中观和微观等不同层次的调研。一般意义上的普查指宏观普查，调查对象的范围涉及全国、全省、全市、全县（区）或是某一行业系统的全部调查对象。普遍调查法常用于政府部门的行政统计工作中，如全国人口普查、经济普查等。

方法七
抽样调查法

抽样调查法是指按照统计学的方式，有代表性地从总体样本中抽取部分样本进行调查，并用所得结果说明总体情况的一种调研方法。抽样调查法能够针对较大的调研范围，利用较短的时间，取得相对准确的调查结果，具有较强的功效比。当组织全面调查范围广、耗时长、难度大时，常采用抽样调查法进行检查和验证。该方法的局限性在于抽样数目的限制，当抽样数目不足时，会影响调查结果的准确性。其是随着近代数学和计算机技术发展而形成的一种调研类型，现多采用在线抽样调查的方式，开展普遍性的调查。

方法八
典型调查法

典型调查法是调查者根据调查目的和要求，在对调查对象具有初步了解的基础上，有意识地从调查对象的总体中选择具有代表性的特定对象进行调查研究，借以认识同类事物的发展变化规律及本质的一种方法。若调查样本太大时，可以采用此种方法。典型调查的主要目的在于通过少量典型来真实、迅速地了解同类问题现象的情况。为做好此类调查，必须注意调查对象的选择，要准确地选择对总体情况比较了解、有代表性的对象。

方法九
统计调查法

统计调查法是通过分析统计报表调查相关情况的一种调研方法。该方法适用于分析某项事物的发展轨迹和未来发展趋势等。运用统计调查法，要特别注意基础数据应规范统一，必须是权威部门数据。在有条件的情况下，进行数据分析的同时，也要进行实际调查。如对某一个数据大幅度上升或下降的原因，报表中难以反映出来，只有通过结合实际调查，才能搞清楚实际情况，而这些数字背后的具体情况，往往是报表根本体现不出来的。

方法十
文献调查法

文献调查法是通过对文献的搜集和摘取,以获得关于调查对象信息的方法。适用于研究调查对象在一段时期内的发展变化,研究角度往往是探寻一种趋势,或弄清一个演变过程。这种方法能突破时空的限制,进行大范围的调查,调查资料便于汇总、整理和分析。同时,还具有资料可靠、用较少的人力物力收到较大效果等优点。对调查对象相关资料掌握得越多,越能深入全面地把握当前所要调查的对象的广度和深度。但它往往是一种先行的调查方法,是进行社会调查研究的基础性工作,一般只能作为调查的先导,而不能作为调查结论的现实依据。

第五章
组织调研座谈会"七个注重"

召开座谈会是调查研究的重要方法之一，也是最常使用的一种方法。召开调研座谈会要达到掌握情况、找准问题、交流碰撞、相互启发的目的，需要把握好以下七个方面问题。

注重一　　注重按照提纲引导座谈

要积极引导和充分调动与会人员围绕调研主题开展座谈交流。座谈会伊始，就要把座谈想了解的问题、需要解决的问题等告诉与会者，提醒与会者按照提纲排列的问题逐个发言，督促与会者的发言始终围绕调研主题。在座谈会开展过程中，一旦发现有发言偏离主题，要及时视情形提醒或就势转到其议题，以保证座谈会有序推进。

注重二　　注重受访者的充分表达

组织调研座谈会的主要目的，是要了解受访者的想法。因此，调研者要时刻把握重点，善于引导受访者讲话，尽量把讲话的机会留给受访者，对受访者谈话中涉及不懂或不明白的地方，调研者要及时追问、"打破砂锅问到底"。不能将座谈现场变成调研者自己在讲话，调研者更不能将自己置于领导或专家的角色，给受访者上课。调研者在现场倾听时，要注意平视受访者，对话语调要平和，对受访者予以充分的理解和尊重。

注重三　　注重做好座谈记录

座谈过程中,要认真做好记录。主要要素包括:受访者的姓名、职务和单位;谈话的主要内容;必要时还要留下电话,以便日后再致电请教。要注意尽量记录受访者完整的个人观点、突出事例、重要数据,以及其他有价值的信息。但也不能事无巨细地记录,以免影响速度与效率。如果重要信息没有及时记录下来,可等受访者讲话告一段落后再请教,切勿中间打断受访者讲话,这样会影响受访者的思路和情绪。记录笔迹一定要规整,利于后期整理调研笔记。

注重四　　注重做出思考判断

开展调研座谈的过程就是一个调整思路、求实求真的过程,需要调研者随着受访者谈话内容的展开,随时认真分析哪些谈话是有效信息、哪些谈话对起草调研报告有直接用处,哪些谈话需进一步深化、哪些问题要请受访者再做解释,等等。同时,调研者还要学会"察言观色",注意观察其他与会者的反应,及时判断由谁接着发言交流效果更好。总之,调研座谈的过程从来不会严格按照方案设想套路循规蹈矩推进,需要调研者对现场情况反应迅速、应对灵活。

注重五　　　　　　　　　注重浓缩提炼观点

观点是引导座谈方向的重要"指南针"。调研者要善于从座谈或访谈过程中捕捉有价值的信息,并通过提炼整理,形成阶段性观点,作为与受访者进一步深化交流的基础,促进调研座谈过程不断深入。当座谈活动接近尾声时,最好再将这些观点与受访者当场进行意见交换,以便准确理解其观点。对理解不透彻的问题,可进一步探讨交流。调研者要随时做好对受访者观点的浓缩提炼,并做好记录。切忌不能等到调研结束后再对着厚厚的记录本归纳总结,那样既费时费力,又可能漏掉重要信息点。要将受访者的观点提炼成可纳入调研报告的观点、案例、措施等内容,这就基本构成了调研报告的主体骨架。同时,受访者的一些精彩观点还为调研报告提供了更多有深度、有价值的素材。

注重六　　　　　　　　　注重及时查漏补缺

在调研座谈前,即使已制定了具体方案,也有所准备,但难免还是会有些信息出于意料之外。因此,要在座谈过程中及时查漏补缺,注意发现此前未曾考虑到的信息,善于从新的信息点中捕捉可以完善调研报告的内容,并据此考虑是否需要调整行程安排、增加受访者、调整调研提纲等。调研者要充分认识到,座谈过程就是一个不断发现新问题、找到新办法、接触新对象的动态过程。调研座谈不能机械呆板、画地为牢,调查者应该在座谈过程中开动脑筋、主动调整,以期与受访者撞出思想火花、引发思维共振。

注重七　注重座谈礼仪礼貌

在组织调研座谈会过程中，调研者要注意礼仪礼貌，为座谈顺利开展提供有利条件。要坚持准点守时，出发前计算好出发时间，并要考虑天气、路途等因素，保证提前15分钟左右抵达调研座谈地点，从容淡定做好准备，避免慌慌张张赶到地点，千万不能让受访者等待；要充分考虑受访者的工作安排，如果受访者委婉提出调整时间或更改地点等想法，要主动重新安排调研日程，避免打扰受访者正常工作；要掌握发言节奏，让每个人都有讲话的机会，避免出现一两个人占用太多时间的情况；要控制访谈时间，无论集体座谈还是单独访谈，都要事先告诉受访者谈话时长，特别是单独访谈，更要提前沟通交流时间，确认受访者是否还有其他安排。

第六章
撰写高质量调研报告要做到"四个围绕"

调研报告是整个调查工作，包括计划、实施、收集、整理等一系列过程的总结，是调研活动最终成果的结晶。它是一种沟通、交流形式，其目的是将调研结果、战略性的建议，以及其他结果传递给决策部门。因此，准确分析调研结果，明确给出调研结论，从而撰写出一份高质量的调研报告，是报告撰写者的重要责任。需要注意以下四个方面问题。

"四个围绕"

围绕一
要围绕决策部署搞调研

做好调研是撰写高质量调研报告的基础。要聚焦事关大局全局的重大问题、影响决策部署落实的难点问题、攸关民生民情的焦点问题等，选准选好调研课题。调研课题确定后，就意味着决策部署的形成，就要紧紧围绕决策部署做好相关筹划、准备。

在开展调研过程中，要立足调研课题，善于从实践中发现问题，通过深入基层、沉到一线去"耳闻目睹"，增强自己的感性认识，来获取第一手资料。同时，还要善于听取不同群体的声音，既要听好的声音，又要听不同意见。只有从多个角度去倾听意见建议，才能够取真经、学实招。

伴随调研活动的深入展开，既要了解宏观情况，又要了解具体情况；既要了解政策性、经济性问题，又要了解行业性、技术性问题；既要了解普遍性问题，又要了解特殊性问题。通过各方面的情况汇总，从而系统分析问题，做好侦察员、信息员、研究员，对调研所发现的各方面问题要努力做到看得懂、会分析、能判断，围绕调研主题在多方面信息中"抽丝剥茧""去伪存真"。

围绕二
要围绕现实状况摆问题

发现问题、找准问题是解决问题的前提。调查研究的目的是发现问题、解决问题，发现了问题才能够有的放矢解决问题，因此，对现实困难的客观陈述是一份调研报告的重要组成部分。在查摆问题的过程中，要实事求是、深入细致，多从表面现象深入进去，进而探寻深层次原因。对一些牵涉面广、多头交叉的问题，要分清责任主次，分别查摆问题发生的原因、现状等，不能大而化之、笼统带过。

因此，在调研过程中，要紧紧围绕现实情况查摆问题，听真话、察真情，真研究问题、研究真问题，不能搞作秀式调研、盆景式调研、蜻蜓点水式调研。坚持问题导向，增强问题意识，敢于正视问题、善于发现问题，以解决问题为根本目的，真正把情况摸清、把问题找准。同时，不仅要全面深入细致地了解实际情况，更要善于分析矛盾、发现问题。既要总体分析面上的情况，又要深入解剖麻雀，透过现象看本质，提炼出规律性认识。

围绕三
要围绕重点问题谋举措

　　调研报告的重点集中体现在对策建议部分。能够在做什么、怎么做上提出具体明确、切实可行的对策措施，才是一份高质量的调研报告。在谋划对策举措的过程中，报告撰写人员必须对收集到的调查材料去粗取精、去伪存真、由此及彼、由表及里地开展综合分析，找到问题存在的普遍性、发现事情发生的必然性。成功的调研报告，其对策建议的归宿是进决策、进报告、进文件、进实践。

　　因此，要围绕所发现的重点、难点问题，谋划对策举措。针对决策落实的难点，及时、真实地反映各级领导干部特别是基层工作者在执行决策部署过程中遇到的问题；对值得推广的亮点，要关注工作实践中有推广价值的典型案例、成功经验和发展成效，做好总结提炼，以便及时推广，以点带面促进工作；对尚未暴露的盲点，主要是指尚未被人们了解发现但又可能影响经济建设和社会发展的苗头性、倾向性问题，要大胆提出，做好问题发展情况预判。

围绕四
要围绕关注重点写报告

调研报告是调查研究成果的思想结晶,在形式上、内容上都必须突出重点,切忌长篇大论、顾左右而言他。一份精练、醒目的调研报告,能够让决策者对调研者所希望反映、解决的问题等一目了然,实际上增强了调研活动的实际成效。

在报告撰写的形式和内容上,要注意标题的概括性和含金量。大标题作为整篇报告的灵魂,要能体现出调研报告的基本观点,凝练有力、亮点突出。各级小标题要围绕各部分主题,展现出严谨的逻辑性和清晰的层次感,使调研报告的主旨和基本内容,通过标题就能够一目了然;调研报告的框架要科学合理、衔接顺畅。对材料的分类、顺序的安排、内容的填充,要做到层层递进、一气呵成;要立场鲜明、表述准确、文字严谨,具有说服力和感染力,并与具体事例连接顺畅,使整篇调研报告的内容和结构浑然一体。

第七章

六个步骤
撰写一篇高质量调研报告

要写好调研报告,就要在详尽占有资料的基础上通过逻辑分析得出观点,基于数据而又高于数据,基于访谈而又超越访谈,这就对文稿起草提出了很高要求。需要紧紧围绕以下六个步骤,来谋划、调整、完成调研报告的撰写。

"六个步骤"

步骤一 围绕调研主题、把握主旨遵循

撰写调研报告，要跟紧形势任务、领会领导要求、把握主旨遵循，这是确保调研报告方向正确的首要前提。起草相关领域的调查报告，首先应该学习习近平总书记对相关领域的重要论述，本行业、本系统各级领导的相关要求和本单位领导对这次调研的具体指导意见。以此开始，把牢调研报告撰写的正确政治方向和工作方向。

步骤二 运用系统观点、做好调研设计

要运用系统观点，在把握好调研主题的基础上，认真考虑调研需要了解哪几方面的问题，按以往经验先初步确定应该有哪些方面的问题，据此来拟定调研方案、设计调查问卷、选择座谈人员等，确保调研的各项活动都能够围绕主题展开，真正做到带着问题下去、带着成果回来。特别注意要按照调研的实际情况，针对调研过程中发现的新情况、新问题，随时调整调研设计，不能"刻舟求剑"，以主管设计代替实际情况。

步骤三 充分占有材料、精练并整理素材

调研过程就是一个多方面占有材料的过程。在收集材料的过程中，要处理好设计与收集的关系，边收集材料边修改当初的设想，并以此为纲把调研中收集的材料分门别类整理好；要处理好提炼与收集的关系，要对数量庞大的素材进行提炼升华，对共性的做法、普遍的问题，等等，要能够提炼成经验成果或矛盾不足，这样的调研报告才能够见思想、见高度。

步骤四 构思结构框架、着手起草初稿

初稿质量决定了调研报告最终成稿的质量。初稿质量差，即使后期再努力修改，也是事倍功半。在初稿写作过程中，具体行文方面，要讲现状，

重点把当前这项工作的总体情况,特别是以往已经取得的经验成果简明扼要地加以总结。要注重全面性和代表性,各个单位、各个行业、各个领域都要兼顾到;要讲问题,重点是实事求是、言之有据,不能想当然、过度渲染,特别是对产生问题的原因进行剖析,问题原因要找准、找实;要讲对策,重点是针对问题、形势提出意见建议,不能无的放矢、"空对空",要特别注意对策的可行性。

步骤五 反复查漏补缺、积极补充材料

调研报告初稿完成后,不是万事大吉,而是要反复修改。因为报告起草的过程,也是一个再思考、再规划的过程,是对前期调研设计的不断修正,个别时候甚至要推倒重来。因此,在条件允许的情况下,还是要尽可能成体系、全方位地补充、完善素材,在二次挖掘的过程中,撰写者、指导者的思路也会随之进行重构。特别是在起草过程中一些思想得到沉淀,使得看问题的深度和广度都进一步深化和扩展。立足更加深入的体会和思考,再去围绕现实问题找材料,针对性、代表性就会更加突出,写出来的内容也必然更加丰富和充实。

步骤六 多方征求意见、最终修改定稿

一份高质量的调研报告,是集众家之长修改出来的。这个阶段,也往往是提高调查报告质量的阶段。初稿补充完成后,要及时与领导沟通,与领导思想对表对标;要征求专家、上级、同事、被调研单位等多方面意见,从多个角度检验调研报告的确实性,使最终成稿经得住时间的检验;要吸收借鉴现有成果,对比其他好的调查报告,对文稿反复修改,尤其是可以借鉴一些带有思想性、规律性、感染性的文字,朗朗上口的"金句"等,以此提高调研报告的内容质量和层次水平。

第八章
调研报告的结构框架和内容要素

撰写调研报告,一定要选择适合的内容要素和结构框架,要根据目的需要,对报告的要素和框架做适当取舍,重新组合,做到量体裁衣。从结构框架上来看,调研报告一般由标题、前言、正文、结尾、附件等几部分构成。

❶ 标 题

一个好标题往往能起到画龙点睛的作用。调研报告的标题应该**简短、明确**，能充分概括调研内容或核心观点。字数一般不超过20个字。其特征包括：必须准确揭示调研报告的主题思想，做到题文相符；**高度概括**，具有较强的吸引力。标题的形式主要有：直叙式、判断式、提问式、抒情式、双标题等。

❷ 前 言

前言的文字要简练，概括性要强。一篇成功的前言既能使调研报告顺利展开，又能吸引读者。前言的内容主要包括以下要素：

（1）调研目的、意义，以及原因背景，调研的组织开展等。

（2）调研对象和调研内容。

包括调研时间、地点、对象、范围、调研要点及所要解答的问题。

（3）调查研究的方法。

其目的是为了让调研报告阅读者了解调研结论是用了什么方法、经过什么步骤获得的，据此判断调查结果和结论的可信程度，以及可适用范围。

（4）调研资料的处理。

主要说明调研结论是根据内容按逻辑进行整理后加以描述，还是进行数量的统计处理。

❸ 正 文

正文是调研报告的主干和核心，是前言的引申和结论的依据。前言之后、结论之前的文字，都属于正文。正文部分必须准确阐明调查研究中的全部论据，包括问题的提出、核心观点的引用、论点的论证、分析问题的方法等。主要包括以下要素：

（1）基本情况。

要对调研工作的整体情况进行系统概述，使阅读者开篇即对此次调研活动产生清晰的直观印象。

（2）过去的主要做法和已有成绩。

即本单位或本地区过去是如何开展这项工作的，有什么好的经验、好的做法，取得了哪些成绩。

（3）存在问题。

即在以往工作中出现的问题、缺点。这些问题和缺点有些是已经发生的，那就需要总结经验。还有一些可能目前还是隐性的、并未发生实际问题，但隐患的苗头已十分突出，或有发生实际问题的趋势，这就需要调查者突出问题导向、分析现实状况、提出方法对策。

（4）原因分析。

要研究问题产生的原因，增强调研报告的理论性和指导性。对于问题的产生，要透过表面现象，多从体制机制、政策导向、管理方法、人为主观等层面进行理性分析，为从根本上解决问题提供方法。

（5）参考做法。

主要阐述其他单位或地区的成功经验和好做法，借以形成重要参考。

（6）对策建议。

调研报告正是通过对策建议为领导提供参考，借以推动工作，因此，解决问题的对策建议就成为调研报告的重要内容。要尽可能地用政治语言对调研成果进行总结提炼，针对现实存在的客观问题，形成有针对性的对策建议。

❹ 结　尾

结尾是调研报告分析问题、解决问题、得出结论的必然结果。调研报告常在结尾部分显示调研者的观点，对主体部分的内容进行概括、升华。因此，结尾的撰写要能够强化调研报告的中心思想，给人以冲击、启发和思考。

调研报告的结尾一般分为概括式、预测式、建议式、问题式、补充式等。不论采取何种方式结尾，都应服从写作目的、内容表达、结构安排的需要，灵活运用，简明扼要、意尽即止。

❺ 附　件

附件是对正文报告的补充，也是详尽的说明，包括有关材料的出处、参考资料和书籍、调查统计图表的注释和说明、调查中使用的测量表和其他工具、旁证材料，以及研究者对调查的评价或提出需要继续研究的问题等。在实际运用中，多数是将汇编报告作为附件。照片也是很好的附件，可以增加调研报告的现场感和生动感。

第九章

老一辈革命家论调查研究

如何开展调查研究

> 在乡下，在县城，召集有经验的农民和农运工作同志开调查会，仔细听他们的报告，所得材料不少。许多农民运动的道理，和在汉口、长沙从绅士阶级那里听得的道理，完全相反。许多奇事，则见所未见，闻所未闻。
> ——一九二七年三月，毛泽东《湖南农民运动考察报告》

重点提纲

调/查/研/究

> 你对于某个问题没有调查,就停止你对于某个问题的发言权。
> ——一九三〇年五月,毛泽东《反对本本主义》

重点提纲

 **如何开展调查研究**

> 你对于那个问题不能解决吗？那末，你就去调查那个问题的现状和它的历史吧！你完完全全调查明白了，你对那个问题就有解决的办法了。一切结论产生于调查情况的末尾，而不是在它的先头。
>
> ——一九三〇年五月，毛泽东《反对本本主义》

重点提纲

调/查/研/究

> 我们调查工作的主要方法是解剖各种社会阶级,我们的终极目的是要明了各种阶级的相互关系,得到正确的阶级估量,然后定出我们正确的斗争策略,确定哪些阶级是革命斗争的主力,哪些阶级是我们应当争取的同盟者,哪些阶级是要打倒的。我们的目的完全在这里。
>
> ——一九三〇年五月,毛泽东《反对本本主义》

重点提纲

如何开展调查研究

> 有一部分同志是安于现状,不求甚解,空洞乐观,提倡所谓"无产阶级就是这样"的错误思想,饱食终日,坐在机关里面打瞌睡,从不肯伸只脚到社会群众中去调查调查。
> ——一九三〇年五月,毛泽东《反对本本主义》

重点提纲

调/查/研/究

> 那种不开调查会，不作讨论式的调查，只凭一个人讲他的经验的方法，是容易犯错误的。那种只随便问一下子，不提出中心问题在会议席上经过辩论的方法，是不能抽出近于正确的结论的。
>
> ——一九三〇年五月，毛泽东《反对本本主义》

重点提纲

如何开展调查研究

> 对于担负指导工作的人来说,有计划地抓住几个城市、几个乡村,用马克思主义的基本观点,即阶级分析的方法,作几次周密的调查,乃是了解情况的最基本的方法。
> ——一九四一年三月、四月,毛泽东《〈农村调查〉的序言和跋》

重点提纲

调/查/研/究

> 一切实际工作者必须向下作调查。对于只懂得理论不懂得实际情况的人,这种调查工作尤有必要,否则他们就不能将理论和实际相联系。
> ——一九四一年三月、四月,毛泽东《〈农村调查〉的序言和跋》

重点提纲

 **如何开展调查研究**

> 马克思在实际斗争中进行了详细的调查研究,概括了各种东西,得到的结论又拿到实际斗争中去加以证明,这样的工作就叫做理论工作。我们党内需要许多同志学做这样的工作。
>
> ——一九四二年二月一日,毛泽东《整顿党的作风》

重点提纲

调/查/研/究

> 在任何群众运动中,群众积极拥护的有多少,反对的有多少,处于中间状态的有多少,这些都必须有个基本的调查,基本的分析,不可无根据地、主观地决定问题。
> ——一九四九年三月十三日,毛泽东《党委会的工作方法》

重点提纲

如何开展调查研究

> 使党员注意社会经济的调查和研究,由此来决定斗争的策略和工作的方法,使同志们知道离开了实际情况的调查,就要堕入空想和盲动的深坑。
> ——一九二九年十二月,毛泽东《中国共产党红军第四军第九次代表大会决议案》

重点提纲

调/查/研/究

> 过去红色区域弄出了许多错误,都是党的指导与实际情况不符合的原故。所以详细的科学的实际调查,乃非常之必需。
> ——一九三一年一月二十六日,毛泽东《〈兴国调查〉前言》

重点提纲

如何开展调查研究

> 过去许多地方往往忽视实际事实的调查，只凭自己空想去决定工作计划，去指导下级工作，结果计划是行不通的，指导是错了的。
> ——一九三一年四月二日，毛泽东《总政治部关于调查人口和土地状况的通知》

重点提纲

调/查/研/究

> 我们的口号是：一，不做调查没有发言权。二，不做正确的调查同样没有发言权。
> ——一九三一年四月二日，毛泽东《总政治部关于调查人口和土地状况的通知》

重点提纲

如何开展调查研究

> "瞎子摸鱼",闭起眼睛瞎说一顿,这种作风,是应该废弃的了。"没有调查就没有发言权",或者说,"研究时事问题须先详细占有材料",这是科学方法论的起码一点,并不是什么"狭隘经验论"。
> ——一九三九年十月一日,毛泽东《研究沦陷区》

重点提纲

调/查/研/究

> 系统的周密的社会调查,是决定政策的基础。
> ——一九四一年八月一日,毛泽东《中共中央关于调查研究的决定》

重点提纲

如何开展调查研究

> 领导机关的基本任务,就在于了解情况与掌握政策,而情况如不了解,则政策势必错误。
> ——一九四一年八月一日,毛泽东《中共中央关于调查研究的决定》

重点提纲

调 / 查 / 研 / 究

> 粗枝大叶、自以为是的主观主义作风，就是党性不纯的第一个表现；而实事求是，理论与实际密切联系，则是一个党性坚强的党员的起码态度。
> ——一九四一年八月一日，毛泽东《中共中央关于调查研究的决定》

重点提纲

 如何开展调查研究

> 我党现在已是一个担负着伟大革命任务的大政党,必须力戒空疏,力戒肤浅,扫除主观主义作风,采取具体办法,加重对于历史,对于环境,对于国内外、省内外、县内外具体情况的调查与研究。
>
> ——一九四一年八月一日,毛泽东《中共中央关于调查研究的决定》

重点提纲

调/查/研/究

> 鼓励那些了解客观情况较多较好的同志，批评那些尚空谈不实际的同志；鼓励那些既了解情况又注意政策的同志，批评那些既不了解情况又不注意政策的同志；使这种了解情况、注意政策的风气，与学习马列主义理论的风气密切联系起来。
> ——一九四一年八月一日，毛泽东《中共中央关于调查研究的决定》

重点提纲

如何开展调查研究

> 认识世界,不是一件容易的事。马克思、恩格斯努力终生,作了许多调查研究工作,才完成了科学的共产主义。
>
> ——一九四一年九月十三日,毛泽东《关于农村调查》

重点提纲

调 / 查 / 研 / 究

> 我们要用钻研的方法来分析客观,分析阶级。对实际问题不应当熟视无睹,应当捣毁"牛皮公司",应当经过自己头脑深思熟虑,应当把理论与实践结合起来。
> ——一九四一年九月十三日,毛泽东《关于农村调查》

重点提纲

# 如何开展调查研究

> 材料是要搜集得愈多愈好,但一定要抓住要点或特点(矛盾的主导方面)。马克思研究资本主义,列宁研究帝国主义,都是收集了很多统计和材料,但并不是全部采取,而只是采取最能表现特点的一部分。
>
> ——一九四一年九月十三日,毛泽东《关于农村调查》

重点提纲

调/查/研/究

> 今天无论解决任何问题，都应该以这个主要矛盾作为认识问题和解决问题的出发点。假若丢掉主要矛盾，而去研究细微末节，犹如见树木而不见森林，仍是无发言权的。
> ——一九四一年九月十三日，毛泽东《关于农村调查》

重点提纲

如何开展调查研究

> 怎样找调查的典型？调查的典型可以分为三种：一、先进的，二、中间的，三、落后的。如果能依据这种分类，每类调查两三个，即可知一般的情形了。
>
> ——一九四一年九月十三日，毛泽东《关于农村调查》

重点提纲

调/查/研/究

如何收集和整理材料？都必须自己亲身去做，在做的过程中找出经验来，用这些经验再随时去改进以后的调查和整理材料的工作。

——一九四一年九月十三日，毛泽东《关于农村调查》

重点提纲

 **如何开展调查研究**

> 群众不讲真话,是因为他们不知道你的来意究竟是否于他们有利。要在谈话过程中和做朋友的过程中,给他们一些时间摸索你的心,逐渐地让他们能够了解你的真意,把你当做好朋友看,然后才能调查出真情况来。
> ——一九四一年九月十三日,毛泽东《关于农村调查》

重点提纲

调/查/研/究

> 我们有许多同志,对新情况、新事物不作调查研究,自己又不懂得,就在那里办事,不懂货就不识货,这怎么能办好事情呢?
> ——一九四九年十月二十四日,毛泽东《同绥远负责人的谈话》

重点提纲

如何开展调查研究

> 要争取和依靠农民,就要调查农村。方法是调查一两个或几个农村,花几个星期的时间,弄清农村阶级力量、经济情况、生活条件等问题。
> ——一九五六年九月二十五日,毛泽东《我们党的一些历史经验》

重点提纲

调/查/研/究

> 调查有两种方法,一种是走马看花,一种是下马看花。走马看花,不深入,因为有那么多的花嘛。……还必须用第二种方法,就是下马看花,过细看花,分析一朵"花",解剖一个"麻雀"。
> ——一九五六年九月二十五日,毛泽东《我们党的一些历史经验》

重点提纲

 **如何开展调查研究**

> 要调查双方面的情况,要调查工人的情况,也要调查资本家的情况。只了解工人,不了解资本家,我们就没有法子同资本家开谈判。
> ——一九五六年九月二十五日,毛泽东《我们党的一些历史经验》

重点提纲

调 / 查 / 研 / 究

> 大兴调查研究之风,一切从实际出发,没有把握就不要下决心。
> ——一九六一年一月十三日,毛泽东《大兴调查研究之风》

重点提纲

如何开展调查研究

> 通过调查研究,情况明了来下决心,决心就大,方法也就对。方法就是措施、办法,实现方针、政策要有一套方法。
> ——一九六一年一月十三日,毛泽东《大兴调查研究之风》

重点提纲

调/查/研/究

> 做领导工作的人要依靠自己亲身的调查研究去解决问题。书面报告也可以看，但是这跟自己亲身的调查是不相同的。自己到处跑或者住下来做一个星期到十天的调查，主要是应该住下来做一番系统的调查研究。
>
> ——一九六一年三月十三日，毛泽东《要做系统的由历史到现状的调查研究》

重点提纲

如何开展调查研究

> 只是收集许多材料,没有观点,没有思想,"像乡下人上街听了许多新奇故事,又像站在高山顶上观察人民城郭"。……这种调查结果是无益于实用的。这是纵断调查法。这种调查法可以作我们的辅助手段,达到一些次要的目的,不是我们的主要手段,不能达到我们的主要目的。
> ——一九六一年三月二十三日,毛泽东《在广州中央工作会议上的讲话》

重点提纲

调/查/研/究

> 我们的调查工作,不能停止于纵断法,而要用横断法,就是要做阶级分析,要做典型调查。
>
> ——一九六一年三月二十三日,毛泽东《在广州中央工作会议上的讲话》

重点提纲

如何开展调查研究

> 要开调查会,做讨论式的调查。你可提出几个方案,跟他们讨论,跟他们研究,这个方案好,还是那个方案好。要做讨论式的调查,才能得出近乎正确的结论。
> ——一九六一年三月二十三日,毛泽东《在广州中央工作会议上的讲话》

重点提纲

调/查/研/究

> 要从个别问题深入,深入解剖一个麻雀,了解一处地方或一个问题。
> ——一九六一年三月二十三日,毛泽东《在广州中央工作会议上的讲话》

重点提纲

 **如何开展调查研究**

> 深切地了解一处地方或一个问题,往后调查别处地方或别个问题,你就容易找到门路。不然就不容易找到门路。
> ——一九六一年三月二十三日,毛泽东《在广州中央工作会议上的讲话》

重点提纲

调/查/研/究

> 自己当记录,这是调查的一个要点。不但要自己当主席,适当地指挥调查会的到会人,而且要自己当记录,把调查的结果记下来,假手于人是不行的。
> ——一九六一年三月二十三日,毛泽东《在广州中央工作会议上的讲话》

重点提纲

 **如何开展调查研究**

> 教条主义这个东西,只有原理原则,没有具体政策,是不能解决问题的,而没有调查研究,是不能产生正确的具体政策的。
> ——一九六一年三月二十三日,毛泽东《在广州中央工作会议上的讲话》

重点提纲

调/查/研/究

> 我自己做调查的态度,是必须恭谨勤劳,把人家当作同志对待。有了平等的态度,当小学生的态度,才能够调查到一点东西,不然人家就不理我,知而不言,言而不尽,你有什么法子呢?
> ——一九六一年三月二十三日,毛泽东《在广州中央工作会议上的讲话》

重点提纲

如何开展调查研究

> 必须通过从群众中来的方法,通过作系统的周密的调查研究的方法,对工作中的成功经验和失败经验,作历史的考察,才能找出客观事物所固有的而不是人们主观臆造的规律,才能制定适合情况的各种条例。
> ——一九六二年一月三十日,毛泽东《在扩大的中央工作会议上的讲话》

重点提纲

调/查/研/究

概念的形成过程,判断的形成过程,推理的过程,就是调查和研究的过程,就是思维的过程。人脑是能够反映客观世界的,但是要反映得正确很不容易。要经过反复的考察,才能反映得比较正确,比较接近客观实际。

——一九五八年一月,毛泽东《文章的"三性"和写作方法》

重点提纲

如何开展调查研究

> 只看见局部,不看见全体,只看见树木,不看见森林。这样,是不能找出解决矛盾的方法的,是不能完成革命任务的,是不能做好所任工作的,是不能正确地发展党内的思想斗争的。
>
> ——一九三七年八月,毛泽东《研究问题忌带主观性、片面性和表面性》

重点提纲

调/查/研/究

《水浒传》上宋江三打祝家庄,两次都因情况不明,方法不对,打了败仗。后来改变方法,从调查情形入手,于是熟悉了盘陀路,拆散了李家庄、扈家庄和祝家庄的联盟,并且布置了藏在敌人营盘里的伏兵,用了和外国故事中所说木马计相像的方法,第三次就打了胜仗。

——一九三七年八月,毛泽东《研究问题忌带主观性、片面性和表面性》

重点提纲

 **如何开展调查研究**

> 这些年来，我们的同志调查研究工作不做了。要是不做调查研究工作，只凭想像和估计办事，我们的工作就没有基础。所以，请同志们回去后大兴调查研究之风，一切从实际出发，没有把握就不要下决心。
> ——一九六一年一月十三日，毛泽东《大兴调查研究之风》

重点提纲

调/查/研/究

> 正确路线是："首长负责，自己动手，领导骨干与广大群众相结合，一般号召与个别指导相结合，调查研究，分清是非轻重，争取失足者，培养干部，教育群众。"
> ——一九四三年七月一日，毛泽东《防奸工作的两条路线》

重点提纲

 **如何开展调查研究**

> 我们研究城市问题也是和研究农村问题一样,要拼着精力把一个地方研究透彻,然后于研究别个地方,于明了一般情况,便都很容易了。
>
> ——一九三〇年五月,毛泽东《寻乌调查》

重点提纲

调/查/研/究

> 我们希望全边区的同志都有延安同志这样的精神,这样的工作态度,这样的和群众打成一片,这样的调查研究工作,因而也学会领导群众克服困难的马克思主义的艺术,使我们的工作无往而不胜利。
> ——一九四二年十二月,毛泽东《经济问题与财政问题》

重点提纲

如何开展调查研究

> 这种情形,对于那些处理问题不根据群众要求而根据主观想像的主观主义者,对于那些完全不作调查研究,工作三年五载、下情一点不知的官僚主义者,又是怎么样呢?岂不又是一个在天上,一个在地下吗!
>
> ——一九四二年十二月,毛泽东《经济问题与财政问题》

重点提纲

调/查/研/究

> 他们对于他们所领导的延安全县人民群众的情绪、要求及各种具体情况是充分了解的,他们完全和群众打成一片,他们有很好的调查研究工作,因而他们就学会了马克思主义的领导群众的艺术,他们完全没有主观主义、宗派主义与党八股。
> ——一九四二年十二月,毛泽东《经济问题与财政问题》

重点提纲

如何开展调查研究

> 现在这两种表格,我们如能照深刻注意实际的正确的统计填写起来,是能解决我们许多问题的,特别是现在分配土地中的许多实际问题。深望红军政治部每到一处注意填写,地方政权机关逐乡去填写,尤望红军中和政府中每个负责人随时随地做此种调查和统计。
>
> ——一九三一年四月二日,毛泽东《总政治部关于调查人口和土地状况的通知》

重点提纲

调/查/研/究

> 对这些党外干部,将来我们各地的领导机关、组织部门要有调查研究,要有一些办法,教育的办法,团结的办法,比如开座谈会、谈心等等办法,对他们进行帮助和培养。
> ——一九四五年四月二十四日,
> 毛泽东《在中国共产党第七次全国代表大会上的口头政治报告》

重点提纲

如何开展调查研究

> 同志们不要见怪,我讲的不是哪一个人,或者哪几个人,不过我总有这样的感想,就是我们要做事情,就要了解了解,要研究一下,尤其是对各种所谓小事情,如生产、卫生、文化、民众团体、政权工作等各种具体工作。
>
> ——一九四五年四月二十四日,
> 毛泽东《在中国共产党第七次全国代表大会上的口头政治报告》

重点提纲

调/查/研/究

有的人走遍了多少省份，走过二万五千里再加多少里，参加土地革命多少年，可是出一个题目给他："什么叫富农？"他说对不起，没有研究。问他："什么叫中农？"也没有研究。即便是走马观花，那也应该看啊，可是他走马不看花，这个花就是农民。当然下马看花是更仔细，那叫做调查研究。

——一九四五年四月二十四日，
毛泽东《在中国共产党第七次全国代表大会上的口头政治报告》

 如何开展调查研究

> 我们是信奉科学的,不相信神学。所以,我们的调查工作要面向下层,而不是幻想。同时,我们又相信事物是运动的,变化着的,进步着的。因此,我们的调查,也是长期的。今天需要我们调查,将来我们的儿子、孙子,也要作调查,然后,才能不断地认识新的事物,获得新的知识。
>
> ——一九四一年九月十三日,毛泽东《关于农村调查》

重点提纲

调/查/研/究

> 马克思、恩格斯努力终生,作了许多调查研究工作,才完成了科学的共产主义。列宁、斯大林也同样作了许多调查。
> ——一九四一年九月十三日,毛泽东《关于农村调查》

重点提纲

如何开展调查研究

> 据我们历来的想法,所谓对于情况的估计,就是根据我们对于客观地存在着的实际情况,加以调查研究,而后反映于我们脑子中的关于客观情况的内部联系,这种内部联系是独立地存在于人的主观之外而不能由我们随意承认或否认的。
>
> ——一九四一年,毛泽东《驳第三次"左"倾路线》

重点提纲

调/查/研/究

> 关于审查干部,我们实行九条方针:首长负责,亲自动手,领导骨干与广大群众结合,一般号召与具体指导相结合,调查研究,分清是非轻重,争取失足者,培养干部,教育群众。
> ——一九四四年五月二十四日,毛泽东《在延安大学开学典礼上的讲话》

重点提纲

 **如何开展调查研究**

> 调查研究，我们从前做得比较好，可是进城以后，不认真做了。一九六一年我们又重新提倡，现在情况已经有所改变。但是，在领导干部中间，特别是在高级领导干部中间，有一些地方、部门和企业，至今还没有形成风气。
> ——一九六二年一月三十日，毛泽东《在扩大的中央工作会议上的讲话》

重点提纲

调/查/研/究

> 社会主义建设，从我们全党来说，知识都非常不够。我们应当在今后一段时间内，积累经验，努力学习，在实践中间逐步地加深对它的认识，弄清楚它的规律。一定要下一番苦功，要切切实实地去调查它，研究它。要下去蹲点，到生产大队、生产队，到工厂，到商店，去蹲点。
> ——一九六二年一月三十日，毛泽东《在扩大的中央工作会议上的讲话》

重点提纲

如何开展调查研究

> 正确的策略只能从实践经验中产生,只能来源于调查研究。
> ——一九六一年三月二十三日,毛泽东《在广州中央工作会议上的讲话》

重点提纲

调 / 查 / 研 / 究

> 民主革命阶段,要进行调查研究,社会主义革命和社会主义建设阶段,还是要进行调查研究,一万年还是要进行调查研究工作。这个方法是可取的。
> ——一九六一年三月二十三日,毛泽东《在广州中央工作会议上的讲话》

重点提纲

如何进行调查研究

打仗也是这样,凡是没有办法的时候,就去调查研究。在第二次反"围剿"的时候,兵少觉得很不好办,开头不了解情况,每天忧愁。我跟彭德怀两个人到白云山上跑了一天,察看地形,看了很多地方。我对彭德怀说,红一军团的四军、三军打正面,打两路,你的红三军团全部打包抄,敌人一定会垮下去。如果不去看呢?就每天忧愁,就不知如何打法。

——一九六一年三月二十三日,
毛泽东《在广州中央工作会议上的讲话》

调/查/研/究

> 我的经验历来如此,凡是忧愁没有办法的时候,就去调查研究,一经调查研究,办法就出来了,问题就解决了。
> ——一九六一年三月二十三日,毛泽东《在广州中央工作会议上的讲话》

重点提纲

如何开展调查研究

> 现在我不反对派调查组结合当地同志进行调查,这回我就派了三个调查组,一个放在浙江,一个放在湖南,一个放在广东,结合当地省委的同志来搞。我是间接的,并没有直接调查。现在有这样的便利条件,过去这样的调查难于办到,那时我们全部人马只有几千人。
> ——一九六一年三月二十三日,毛泽东《在广州中央工作会议上的讲话》

重点提纲

调/查/研/究

> 现在我们中央搞的文件,如果没有具体措施也是不可能实现的。要有正确的措施,就要做调查研究工作。
> ——一九六一年三月二十三日,毛泽东《在广州中央工作会议上的讲话》

重点提纲

如何开展调查研究

> 比如党的第六次代表大会的决议，那个东西你拿来如何实现呢？你如果不搞些具体措施，是很难实现的。不要说第六次代表大会的决议有部分的原则性错误，即使都是正确的，没有具体措施，没有调查研究，也不可能实现。现在我们中央搞的文件，如果没有具体措施也是不可能实现的。
>
> ——一九六一年三月二十三日，毛泽东《在广州中央工作会议上的讲话》

重点提纲

调/查/研/究

过去这几年我们犯错误，首先是因为情况不明。情况不明，政策就不正确，决心就不大，方法也不对头。医生看病是先诊断，中医叫望、闻、问、切，就是先搞清病情，然后处方。我们打仗首先要搞侦察，侦察敌情、地形，判断情况，然后下决心，部署队伍、后勤等等。历来打败仗的原因大都是情况不明。最近几年吃情况不明的亏很大，付出的代价很大。大家做官了，不做调查研究了。我做了一些调查研究，但大多也是浮在上面看报告。现在，我要搞几个点，几个调查的基地，下去交一些朋友。对城市问题我没有发言权，想调查几个工厂，此心早已有了。我现在搞了几个基地，派了几个组住在几个地方。陈伯达、胡乔木、田家英他们会后还要回去。我和大家相约，搞点副食品基地的调查研究，目的是为了解决问题，不是为了报表。发那么多表格，报上来说粮食增加了，猪也增加了，经济作物也增加了，而实际上没有增加。我看不要看那些表格，报表我是不看的，实在没有味道。
——一九六一年三月十三日，
毛泽东《要做系统的由历史到现状的调查研究》

 **如何开展调查研究**

> 自己到处跑或者住下来做一个星期到十天的调查,主要是应该住下来做一番系统的调查研究。农村情况,只要先调查清楚一个乡就比较好办了,再去调查其他乡那就心中有数了。
>
> ——一九六一年三月十三日,毛泽东《要做系统的由历史到现状的调查研究》

重点提纲

调/查/研/究

> 待你们看了湖北、山东、广东、河北这些材料,并且我们一起讨论过了之后,我建议:把这些材料,并附中央一信发下去,请各中央局,省、市、区党委,地委及县委亲身下去,并派有力调查研究组下去,作两三星期调查工作,同县、社、大队、队、社员代表开几次座谈会,看究竟哪样办好。由大队实行"三包一奖"好,还是队为基础好?
> ——一九六一年九月二十九日,毛泽东《给中央常委的信》

重点提纲

 **如何开展调查研究**

> 各级党委,不许不作调查研究工作。绝对禁止党委少数人不作调查,不同群众商量,关在房子里,作出害死人的主观主义的所谓政策。
> ——一九六一年五月十四日,毛泽东《给张平化的信》

重点提纲

调/查/研/究

不要发愁,开始会有困难的。比如工作安排和政治安排是否妥当等等,会有些问题发生。但是经过商量,经过考虑,经过调查研究,总可以实事求是地求得解决的。这样,大家就能够自己掌握自己的命运。

——一九五五年十月二十九日,
毛泽东《在资本主义工商业社会主义改造问题座谈会上的讲话》

重点提纲

如何开展调查研究

> 希望小平、彭真两位同志在会后抽出一点时间（例如十天左右），去密云、顺义、怀柔等处同社员、小队级、大队级、公社级、县级分开（不要各级集合）调查研究一下，使自己心中有数，好做指导工作。
>
> ——一九六一年三月十三日，毛泽东《反对两个平均主义》

重点提纲

调 / 查 / 研 / 究

　　我这个人就是官做大了，我从前在江西那样的调查研究，现在就做得很少了。今年要做一点，这个会开完，我想去一个地方，做点调查研究工作。不然，对实际情况就不摸底。不摸清一个农村公社，不摸清一个城市公社，不摸清一个工厂，不摸清一个学校，不摸清一个商店，不摸清一个连队，就不行。其实，摸清这么几个单位的情况就差不多了。

　　　　　　　——一九六一年一月十三日，
　　　　　　　毛泽东《大兴调查研究之风》

如何进行调查研究

　　调查研究工作，并不那么困难，时间并不要那么多，调查的单位也不要那么多。比如，在农村搞一两个生产队、一两个公社，在城市搞一两个工厂、一两个商店、一两个学校，加在一起也只有十个左右。这些调查并不都要自己亲身去搞。自己亲身搞的，农村有一两个、城市有一两个就够了。要组织调查研究的班子，指导他们去搞。比如宝坻县江石窝的调查，就不是我们中央去搞的，是中央农村工作部搞的。我看，这是他们的一大功劳。沔阳县通海口的材料，是湖北省的同志搞的；信阳的调查，是信阳地委搞的；灵宝县的调查，是河南省委的同志搞的。调查研究极为重要，要教会所有的省委书记加上省委常委、省一级和省的各个部门的负责同志、地委书记、县委书记、公社党委书记做调查研究。他们不做调查，情况就不清楚。公社内部平调的情况，公社的党委书记不一定都知道。一个公社平均有三十个生产队左右，他怎么会知道那么多呢？不可能嘛！但是，有一个办法，三十个生产队他调查三个就行了，一个最坏的，一个中等的，一个最好的。

　　　　　　　　——一九六一年一月十三日，
　　　　　　　　毛泽东《大兴调查研究之风》

调/查/研/究

> 很多同志做了几个月的调查,开过不少的大会小会,结果对于大量存在的事物,却是视而不见,听而不闻。原因是方法不对,找不到主要矛盾在什么地方。
> ——一九五九年三月九日,毛泽东《调查研究要善于抓住主要矛盾》

重点提纲

如何进行调查研究

　　蒋介石总是要强迫人民接受战争，他左手拿着刀，右手也拿着刀。我们就按照他的办法，也拿起刀来。这是经过调查研究以后才找到的办法。这个调查研究很重要。看到人家手里拿着东西了，我们就要调查一下。他手里拿的是什么？是刀。刀有什么用处？可以杀人。他要拿刀杀谁？要杀人民。调查了这几件事，再调查一下：中国人民也有手，也可以拿刀，没有刀可以打一把。中国人民经过长期的调查研究，发现了这个真理。军阀、地主、土豪劣绅、帝国主义，手里都拿着刀，要杀人。人民懂得了，就照样办理。我们有些人，对于这个调查研究常不注意。例如陈独秀，他就不知道拿着刀可以杀人。有人说，这是普遍的日常真理，共产党的领导人还会不知道？这很难说。他没有调查研究就不懂得这件事，所以我们给他起个名字，叫做机会主义者。没有调查研究就没有发言权，我们取消了他的发言权。

　　　　　　　——一九四五年八月十三日，
　　毛泽东《抗日战争胜利后的时局和我们的方针》

调/查/研/究

> 报社的同志应当轮流出去参加一个时期的群众工作，参加一个时期的土地改革工作，这是很必要的。在没有出去参加群众工作的时候，也应当多听多看关于群众运动的材料，并且下工夫研究这些材料。
> ——一九四八年四月二日，毛泽东《对晋绥日报编辑人员的谈话》

重点提纲

如何开展调查研究

> 提出问题,首先就要对于问题即矛盾的两个基本方面加以大略的调查和研究,才能懂得矛盾的性质是什么,这就是发现问题的过程。大略的调查和研究可以发现问题,提出问题,但是还不能解决问题。要解决问题,还须作系统的周密的调查工作和研究工作,这就是分析的过程。
>
> ——一九四二年二月八日,毛泽东《反对党八股》

重点提纲

调/查/研/究

> 做宣传工作的人，对于自己的宣传对象没有调查，没有研究，没有分析，乱讲一顿，是万万不行的。
> ——一九四二年二月八日，毛泽东《反对党八股》

重点提纲

 **如何开展调查研究**

> 目前第一要注意打尽老虎,不要松劲;第二要注意调查研究,算大账,算细账,清查老虎真假,严禁逼供信。注意这两条,就可获得全胜。
> ——一九五二年二月二十二日,毛泽东《关于"三反"、"五反"》

重点提纲

调/查/研/究

> 开调查会每次人不必多,三五个七八个人即够。必须给予时间,必须有调查纲目,还必须自己口问手写,并同到会人展开讨论。因此,没有满腔的热忱,没有眼睛向下的决心,没有求知的渴望,没有放下臭架子、甘当小学生的精神,是一定不能做,也一定做不好的。
>
> ——一九四一年三月十七日,毛泽东《〈农村调查〉序》

重点提纲

 **如何开展调查研究**

> 必须反复教育一切外来干部,注重调查研究,熟悉地理民情,并下决心和东北人民打成一片,从人民群众中培养出大批积极分子和干部。
> ——一九四五年十二月二十八日,毛泽东《建立巩固的东北根据地》

重点提纲

调/查/研/究

离开实际调查就要产生唯心的阶级估量和
唯心的工作指导，
那末，它的结果，不是机会主义，便是盲动主义

  你不相信这个结论吗？事实要强迫你信。你试试离开实际调查去估量政治形势，去指导斗争工作，是不是空洞的唯心的呢？这种空洞的唯心的政治估量和工作指导，是不是要产生机会主义错误，或者盲动主义错误呢？一定要弄出错误。这并不是他在行动之前不留心计划，而是他于计划之前不留心了解社会实际情况，这是红军游击队里时常遇见的。那些李逵式的官长，看见弟兄们犯事，就懵懵懂懂地乱处置一顿。结果，犯事人不服，闹出许多纠纷，领导者的威信也丧失干净，这不是红军里常见的吗？

  必须洗刷唯心精神，防止一切机会主义盲动主义错误出现，才能完成争取群众战胜敌人的任务。必须努力作实际调查，才能洗刷唯心精神。

  ——一九三〇年五月，毛泽东《反对本本主义》

如何开展调查研究

> 我的那篇《关于调查工作》的文章也请同志们研究一下,那里提出的问题是作系统的亲身出马的调查,而不是老爷式的调查,因此建议同志们研究一下。可以提出反对意见,但不要置之不理。
>
> ——一九六一年三月十三日,毛泽东《反对两个平均主义》

重点提纲

调/查/研/究

> 除中央及各地的调查研究机关外,必须动员全党、全军及政府之各级机关及全体同志,着重对于敌友我各方情况的调查研究,并供给上级调查研究机关以材料。
> ——一九四一年八月一日,毛泽东《中共中央关于调查研究的决定》

重点提纲

如何开展调查研究

> 例如容易冲动,以感想代政策,对于敌、友、我三方情况懂得很少也安之若素,对客观事物缺乏科学的周密的调查研究精神,而有自以为是的精神,这些便都是主观主义的错误因素。
>
> ——一九四二年一月二十六日,毛泽东《中宣部宣传要点》

重点提纲

调/查/研/究

> 对我们的同志,应当进行辩证唯物论的认识论的教育,以便端正思想,善于调查研究,总结经验,克服困难,少犯错误,做好工作,努力奋斗,建设一个社会主义的伟大强国,并且帮助世界被压迫被剥削的广大人民,完成我们应当担负的国际主义的伟大义务。
> ——一九六三年五月,毛泽东《人的正确思想是从哪里来的?》

重点提纲

如何开展调查研究

> 二十年来,一般地说,我们并没有对于上述各方面作过系统的周密的收集材料加以研究的工作,缺乏调查研究客观实际状况的浓厚空气。
> ——一九四一年五月十九日,毛泽东《改造我们的学习》

重点提纲

调 / 查 / 研 / 究

> 近来红军第四军的同志们一般的都注意调查工作了，但是很多人的调查方法是错误的。调查的结果就像挂了一篇狗肉账，像乡下人上街听了许多新奇故事，又像站在高山顶上观察人民城郭。这种调查用处不大，不能达到我们的主要目的。
> ——一九三〇年五月，毛泽东《反对本本主义》

重点提纲

 如何开展调查研究

> 对于每一件具体的事,每一个具体的人,如果要认识它的性质,就必须使用这种两条战线斗争的方法,加以具体的分析与综合的调查研究,才能做出肯定的结论。稍一离开这种方法,稍一不合该事该人的实际,就没有法子做出正确的结论。
> ——一九四一年,毛泽东《驳第三次"左"倾路线》

重点提纲

调/查/研/究

> 为着了解农村情况,为着进行土改,区党委书记以下,政治部主任以下,必须亲自调查几个区乡的土改工作,否则,就不可能正确地领导土改。
> ——一九四八年一月二十二日,毛泽东《新解放区土改斗争策略》

重点提纲

如何开展调查研究

> 一个人为什么只能上升不能下降呢？为什么只能做这个地方的工作而不能调到别个地方去呢？我认为这种下降和调动，不论正确与否，都是有益处的，可以锻炼革命意志，可以调查和研究许多新鲜情况，增加有益的知识。
>
> ——一九六二年一月三十日，毛泽东《在扩大的中央工作会议上的讲话》

重点提纲

调/查/研/究

> 现在我们党的中央做了决定,号召我们的同志学会应用马克思列宁主义的立场、观点和方法,认真地研究中国的历史,研究中国的经济、政治、军事和文化,对每一问题要根据详细的材料加以具体的分析,然后引出理论性的结论来。这个责任是担在我们的身上。
> ——一九四二年二月一日,毛泽东《整顿党的作风》

重点提纲

如何开展调查研究

> 从乡政府主席到全国中央政府主席,从大队长到总司令,从支部书记到总书记,都要亲身出马。我讲得很宽,那个时候也有点无法无天了。一定要亲身从事社会经济的实际调查,不能单靠书面报告,因为二者是两回事。我们那个时候得到经验了,知道不能单靠书面报告。
> ——一九六一年三月二十三日,毛泽东《在广州中央工作会议上的讲话》

重点提纲

调/查/研/究

> 依据马克思列宁主义的理论和方法，对敌友我三方的经济、财政、政治、军事、文化、党务各方面的动态进行详细的调查和研究的工作，然后引出应有的和必要的结论。为此目的，就要引导同志们的眼光向着这种实际事物的调查和研究。
>
> ——一九四一年五月十九日，毛泽东《改造我们的学习》

重点提纲

 如何开展调查研究

> 各中央局、中央分局、独立区域的区党委或省委,八路军、新四军之高级机关,各根据地高级政府,均须设置调查研究机关,收集有关该地敌友我政治、军事、经济、文化及社会阶级关系各方面材料,加以研究,以为各该地工作的直接助手,同时供给中央以材料。
>
> ——一九四一年八月一日,毛泽东《中共中央关于调查研究的决定》

重点提纲

调/查/研/究

> 有许多人,"下车伊始",就哇喇哇喇地发议论,提意见,这也批评,那也指责,其实这种人十个有十个要失败。因为这种议论或批评,没有经过周密调查,不过是无知妄说。
>
> ——一九四一年三月十七日,毛泽东《〈农村调查〉序》

重点提纲

 如何开展调查研究

> 省委第一书记要亲自做调查研究,我也是第一书记,我只抓第一书记。其他的书记也要做调查研究,由你们负责去抓。只要省、地、县、社四级党委的第一书记都做调查研究,事情就好办了。
> ——一九六一年三月十三日,毛泽东《要做系统的由历史到现状的调查研究》

重点提纲

调/查/研/究

> 所谓有步骤地启发群众觉悟,团结全体农民平分土地,是说土改方法应从宣传群众,寻找群众中的少数积极分子(不是投机分子),调查研究具体的阶级关系,发动群众分大地主的钱财,斗恶霸,组织群众团体,组织党的支部,组织民兵游击队,组织区乡政府做起,然后发展到没收分配土地。
> ——一九四八年一月二十二日,毛泽东《新解放区土改斗争策略》

重点提纲

 **如何开展调查研究**

> 一定要搞好调查研究,一定要贯彻群众路线。平调的财物要坚决退赔,但不要有恩赐观点。还有一个,凡是冤枉的人都要平反。
> ——一九六一年六月十二日,毛泽东《总结经验,教育干部》

重点提纲

调 / 查 / 研 / 究

> 许多巡视员,许多游击队的领导者,许多新接任的工作干部,喜欢一到就宣布政见,看到一点表面,一个枝节,就指手画脚地说这也不对,那也错误。这种纯主观地"瞎说一顿",实在是最可恶没有的。他一定要弄坏事情,一定要失掉群众,一定不能解决问题。
> ——一九三〇年五月,毛泽东《反对本本主义》

重点提纲

 如何开展调查研究

> 我在这里还有一个要求,要求各中央局,各省、市、区党委第一书记同志,请你们在这半个月内,下苦功去农村认真做一回调查研究工作,并和我随时通信。信随便写,不拘形迹。这半个月希望得到你们一封信。如果你们发善心,给我写信,我准给你们写回信。
> ——一九六一年五月六日,毛泽东《给李井泉、陈正人的信》

重点提纲

调/查/研/究

> 我们要大声疾呼，唤醒这些同志：
> 　　速速改变保守思想！
> 　　换取共产党人的进步的斗争思想！
> 　　到斗争中去！
> 　　到群众中作实际调查去！
> 　　　　——一九三〇年五月，毛泽东《反对本本主义》

重点提纲

# 如何开展调查研究

> 在全党推行调查研究的计划，是转变党的作风的基础一环。
> ——一九四一年五月十九日，毛泽东《改造我们的学习》

重点提纲

调/查/研/究

> 各级党部、政府、军队、学校的主要负责同志必须同时充分地注意经济工作的领导，要调查研究经济工作的内容，负责制订经济工作的计划，配备经济工作的干部，检查经济工作的成效，再不要将此项极端重要的工作仅仅委托于供给部门或总务部门就算完事。
> ——一九四二年十二月，毛泽东《经济问题与财政问题》

重点提纲

 **如何开展调查研究**

> 这种调查、研究、总结的工作,在今年三、四、五三个月内要基本做完。由中央各部委党组,各级地方党委及各部门党组分头去做,并要开规模较大的现场会议。
> ——一九六〇年三月十八日,毛泽东《加强对技术革新和技术革命运动的领导》

重点提纲

调/查/研/究

> 中央和省、直属市、自治区两级党委的委员,除了生病的和年老的以外,一年一定要有四个月的时间轮流离开办公室,到下面去作调查研究,开会,到处跑。应当采取走马看花、下马看花两种方法。哪怕到一个地方谈三四小时就走也好。要和工人、农民接触,要增加感性知识。
>
> ——一九五八年一月,毛泽东《工作方法六十条(草案)》

重点提纲

如何开展调查研究

> 一般地说，中国幼稚的资产阶级还没有来得及也永远不可能替我们预备关于社会情况的较完备的甚至起码的材料，如同欧美日本的资产阶级那样，所以我们自己非做搜集材料的工作不可。
>
> ——一九四一年三月十七日，毛泽东《〈农村调查〉序》

重点提纲

调 / 查 / 研 / 究

> 调查就像"十月怀胎",解决问题就像"一朝分娩"。调查就是解决问题。
> ——一九三〇年五月,毛泽东《反对本本主义》

重点提纲

如何开展调查研究

> 关于调查工作应切实去做。过去有许多调查成绩,因没人统计以致放弃,甚属可惜。前委应指定专人去做,这个工作做得好,对于了解中国农村实际生活及帮助土地革命策略之决定有重大意义。
>
> ——一九二九年九月二十八日,周恩来《中共中央给红军第四军前委的指示信》

重点提纲

调/查/研/究

> 必须正确地决定问题。首先,要估计环境及其变动,并找出此地此时的特点。次之,要依此与党的总任务联系起来,确定一时期的任务和方针。再次,要依此方针,规定当前适当的口号和策略。又次,然后据此定出合乎实际的计划和指示。这一切,必须经过最实际的调查研究,并使这些实际材料与党的原理原则联系起来。
> ——一九四三年四月二十二日,周恩来《怎样做一个好的领导者》

重点提纲

如何开展调查研究

> 　　下去调查，必须对事物进行分析、综合和比较。事物总存在内在的矛盾，要分别主次；总有几个侧面，要进行解剖。各人所处的环境总有局限性，要从多方面观察问题；一个人的认识总是有限的，要多听不同的意见，这样才利于综合。事物总是发展的，有进步和落后，有一般和特殊，有真和假，要进行比较，才能看透。
> 　　——一九六一年三月、五月，周恩来《加强调查研究》

重点提纲

调/查/研/究

> 计划机关在拟订国家计划的过程中,应该进行系统的调查研究,根据准确的资料,集中各部门、各地方的初步计划,精打细算,不留缺口,做好综合平衡,力求使国家计划指标符合实际,并且适当留有余地,保持必要的后备。
> ——一九六二年三月二十八日,周恩来《国民经济的调整工作和当前任务》

重点提纲

如何开展调查研究

> 革命就是要认识困难,摆出困难,提出办法,克服困难。共产党就是在克服困难中取得胜利的。
>
> ——一九六二年五月十一日,周恩来《认清形势,掌握主动》

重点提纲

> 大家来想办法，一定有出路。各地各部门的领导同志不要怕把话说多了，不要怕我们的干部知道。你把问题说清楚了，他们的办法会比我们还多。你不说清楚，他们不晓得你葫芦里卖的什么药，反而互相猜疑，议论纷纷。
>
> ——一九六二年五月十一日，周恩来《认清形势，掌握主动》

重点提纲

如何开展调查研究

> 下去调查，要敢于正视困难，解决困难。一个困难问题解决了，新的困难问题又来了。共产党人就是为不断克服困难，继续前进而存在的。畏难苟安，不是共产党人的品质。
> ——一九六一年三月、五月，周恩来《加强调查研究》

重点提纲

调/查/研/究

> 智慧是从群众中来的,但对群众的意见领导方面还要加工,然后回到群众中去考验,在这基础上再加工。脱离我们的基本阶级群众,就会丧失党的基础。
> ——一九六一年三月、五月,周恩来《加强调查研究》

重点提纲

如何开展调查研究

> 说真话,鼓真劲,做实事,收实效。这四句话归纳起来就是:实事求是。
> ——一九六二年二月三日,周恩来《说真话,鼓真劲,做实事,收实效》

重点提纲

调/查/研/究

> 高高在上，孤陋寡闻，不了解下情，不调查研究，不抓具体政策，不做政治思想工作，脱离群众，脱离实际，一旦发号施令，必将误国误民。这是脱离领导、脱离群众的官僚主义。
>
> ——一九六三年五月二十九日，周恩来《反对官僚主义》

重点提纲

 **如何开展调查研究**

> 在工作时,他们不拿书本上的引证和成语来做根据,而拿实践的经验来做根据,并拿实践经验来审查自己每一步工作,在自己的错误中学习和教育别人来推动工作前进。
> ——一九四三年七月,刘少奇《清算党内的孟什维主义思想》

重点提纲

调/查/研/究

> 这种工作非常实际，在开始时，要埋头苦干，要切实解决问题，不能浮夸，不能出风头。但在突破一点、推动全局后，你又能在全局上来指导这个运动，使群众得到一定的利益，群众就会把你当做她们的好朋友和领袖的。不实干，要出风头，跌下来，还是要从头做起的。
>
> ——一九四五年四月，刘少奇《对中央妇委同志的讲话》

重点提纲

 **如何开展调查研究**

> 领导者与领导机关的职责,就是要实行正确的领导,就是要正确地了解情况,正确地抓住中心,提出任务,决定问题,正确地动员与组织群众来实行自己的决定,正确地组织群众来审查自己决定之实行的情形。而为要使这些事情都做得好,就必须向群众学习,必须实行从群众中来,又到群众中去的路线。否则,任何一件领导工作都是做不好的。这就是向群众学习的观点。
>
> ——一九四五年五月十四日,刘少奇《论党》

重点提纲

调/查/研/究

　　有些部门、有些地方、有些单位的负责人，忘记了我们党同人民群众联系的传统，忘记了无产阶级专政的基础必须是最广泛的人民民主。他们不肯做调查研究工作，不理会毛泽东同志经常指出的"先当群众的学生，后当群众的先生"这一真理，有事不先同群众商量，不在群众中进行酝酿，不倾听群众的意见，不认真注意群众的反映，甚至当群众的利益已经受到严重损害、群众表示十分不满的时候，他们仍旧坚持自以为是"正确"的那些错误做法。

　　　　　　——一九六二年一月二十七日，
　　刘少奇《在扩大的中央工作会议上的报告》

如何开展调查研究

> 要把工作做好,要使我们的党和我们的国家成为不可战胜的,我们就必须经常地保持谦虚谨慎的作风,经常地通过多种多样的形式去联系群众,同群众互相交心。这是我们工作中的头等重要的问题。
> ——一九六二年一月二十七日,刘少奇《在扩大的中央工作会议上的报告》

重点提纲

> 有一些负责干部还是不愿意踏踏实实地去做调查研究工作，或者抱着一定的成见去做调查研究工作；还是不愿意虚心地同群众商量问题，或者只是到某些群众中去找适合于自己口味的材料。
> ——一九六二年一月二十七日，刘少奇《在扩大的中央工作会议上的报告》

重点提纲

如何开展调查研究

> 我们所有的领导干部,都应该听老实话,听老实人的话。同时,必须在党员中间,大力提倡说老实话、办老实事、当老实人,坚决反对弄虚作假。对于一贯作假、屡教不改的人,必须给以纪律处分。
> ——一九六二年一月二十七日,刘少奇《在扩大的中央工作会议上的报告》

重点提纲

调/查/研/究

> 熟读马克思列宁主义的书籍,同时又着重调查和分析活生生的现实,研究自己所处的时代和本国无产阶级所处的各方面情势的特点,把马克思列宁主义的普遍真理和本国革命的具体实践结合起来。……只有这种人的态度,才是正确的态度。
> ——一九三九年七月,刘少奇《论共产党员的修养》

重点提纲

 **如何开展调查研究**

> 必须自己首先把事情弄清楚,把问题弄清楚,实行系统的调查研究,同时还必须是有组织地、有领导地、有准备地去进行。
> ——一九四一年七月二日,刘少奇《论党内斗争》

重点提纲

调/查/研/究

> 挨家挨户访问农民，和农民谈话，了解情况，调查研究，注意发现积极分子，通过积极分子联络和发动更广泛的群众。
> ——一九四二年十二月九日，刘少奇《关于减租减息的群众运动》

重点提纲

 如何开展调查研究

> 在决定指示和方针的时候,不是在历史上相同的事情和相象的事情里面去求得,而是由调查研究周围的情况中去求得。
>
> ——一九四三年七月,刘少奇《清算党内的孟什维主义思想》

重点提纲

调/查/研/究

实事求是的作风是很重要的。要实事求是,就要调查研究,就要充分发扬党内民主和人民民主,就要从实际出发来拟定政策,拟定计划,拟定措施。
——一九六二年一月二十七日,刘少奇《在扩大的中央工作会议上的讲话》

重点提纲

 **如何开展调查研究**

> 制定政策是从群众中来的过程,执行政策是到群众中去的过程。
> ——一九六二年七月十八日,刘少奇《加强基层领导,改进工作作风》

重点提纲

调/查/研/究

情况的来源怎么样,确实不确实,调查过没有,都要认真对待,要多听一些人的话,注意听反面的意见。
——一九六二年七月十八日,刘少奇《加强基层领导,改进工作作风》

重点提纲

# 如何开展调查研究

> 要虚心向群众学习,倾听群众意见,才能进步。
> ——一九四〇年七月二十四日,朱德《三年来华北宣传战中的艺术工作》

重点提纲

调 / 查 / 研 / 究

一切的事实证明，只有从实际出发才能正确地解决问题。
——一九四三年八月十八日，朱德《军事教育必须从实际出发》

重点提纲

如何开展调查研究

> 发扬民主,就是要下面经常对上级提意见,上面要经常倾听下面的意见和建议,并加以研究,把所有好的意见和建议集中起来,再拿到下面去实行。
> ——一九四八年五月十四日,朱德《目前形势和军队建设问题》

重点提纲

调/查/研/究

> 我们要善于分析下面的意见哪些是正确的，哪些是不正确的。对于正确的意见，要领导大家去执行；对于不正确的意见，要教育说服，帮助他改正。
> ——一九四八年五月十四日，朱德《目前形势和军队建设问题》

重点提纲

# 如何开展调查研究

> 必须密切地联系群众,依靠群众,凡事要和群众说清道理,商量着办。
> ——一九五〇年五月六日,朱德《加强党的纪律检查工作》

重点提纲

调/查/研/究

> 一定要密切联系并依靠群众，相信群众的力量。只有这样，我们才能把事情办好，把国家建设好；不然我们就会一事无成，就会犯错误，就会使党和国家受到严重的损失。
> ——一九五〇年五月六日，朱德《加强党的纪律检查工作》

重点提纲

 **如何开展调查研究**

> 我们一切力量都出于群众身上,一切办法也都由群众创造出来……我们没有别的本事,我们的本事就只有同群众密切结合在一起。
> ——一九四三年七月五日,朱德《我们有办法坚持到胜利》

重点提纲

调/查/研/究

> 一切问题注意调查研究,加以综合,综合群众的意见后再发言,再说话。
> ——一九五四年三月四日,朱德致刘少奇并中央书记处的报告

重点提纲

如何开展调查研究

> 我们的任务就是要充分地合理地利用我国众多的劳动力和半劳动力去开发我国的丰富的资源。为了达到这个目的，中央和地方的经济建设部门，应当反复进行调查研究，不断加强全面规划。
> ——一九五六年九月十七日，朱德《加强团结，建设社会主义》

重点提纲

调 / 查 / 研 / 究

> 深入群众中去,就真正会了解社会主义如何建设,如何完成,就会想出很多办法,同群众一起创造出许多新的办法,把工作推向前进。
> ——一九六五年四月九日,朱德致儿子朱琦信

重点提纲

# 如何开展调查研究

> 官僚主义倾向表现在制定工作计划之前,并没有经过详细的调查研究,并不是从实际的可能条件出发,并没有依据群众的需要和觉悟程度,而是凭着自己脑子里的想当然,凭着一种大概的估计而制定出来的。
>
> ——一九四三年一月七日,任弼时《领导方法和领导作风》

重点提纲

调/查/研/究

> 没有领导作风上的转变，则中心任务的规定是空洞的，是不能保证去完成的。
> ——一九四三年一月七日，任弼时《领导方法和领导作风》

重点提纲

如何进行调查研究

要学习毛主席的解决问题的方法,象这次他所起草的经济建设计划一样。他不是笼统地提出要开荒多少,增加细粮多少,而是经过科学的调查研究工作,根据边区究竟有多少荒地,有多少劳动力,有多少半劳动力,能够移民多少,依据这些条件决定我们究竟可以开荒多少,增加细粮多少。并且为着使规定的开荒和增粮的数目字能够真正实现,又研究了如何增加劳动力的具体办法。

——一九四三年一月七日,
任弼时《领导方法和领导作风》

调 / 查 / 研 / 究

> 要我们在订计划、写决议的时候，必须经过仔细的调查研究，按照实际可能的条件，按照群众的觉悟程度和经验去决定我们的政策和办法。
> ——一九四三年一月七日，任弼时《领导方法和领导作风》

重点提纲

如何开展调查研究

> 凡属正确的领导意见,必须是从群众中集中起来的,又向群众中坚持下去的意见。
> ——一九四三年六月,任弼时《共产党员应当善于向群众学习》

重点提纲

调/查/研/究

> 只有先向群众学习,向具体事件学习,才能有办法再转而去指导群众行动。
> ——一九四三年六月,任弼时《共产党员应当善于向群众学习》

重点提纲

如何开展调查研究

> 群众的创造力量是非常伟大的,只要依靠群众,任何困难问题都有办法可以解决。
> ——一九四三年六月,任弼时《共产党员应当善于向群众学习》

重点提纲

调/查/研/究

毛泽东同志曾不断地指示我们,共产党员要了解情况与掌握政策,必须虚心向群众学习,要有"眼睛向下的决心"与"放下臭架子、甘当小学生的精神",才能正确地去认识问题与解决问题,才能把工作做好。
　　　　　　——一九四三年六月,任弼时《共产党员应当善于向群众学习》

重点提纲

如何开展调查研究

> 有些同志所拟的计划或决定，不是经过详细的调查研究，不是从总结群众实践斗争的经验产生的，常常是只凭主观，只凭感想，只凭书本去决定政策，自然要成为不切实际的空论。
>
> ——一九四三年六月，任弼时《共产党员应当善于向群众学习》

重点提纲

调/查/研/究

> 要避免盲目地摸索与乱闯,便必须善于向群众学习,善于去总结群众斗争经验,找出其教训与规律。
> ——一九四三年六月,任弼时《共产党员应当善于向群众学习》

重点提纲

如何开展调查研究

> 把群众分散的无系统的意见，化为集中的系统的意见，把群众盲目的实践，变成自觉的有目的的行动，这就是有理论指导的实践。
> ——一九四三年六月，任弼时《共产党员应当善于向群众学习》

重点提纲

调/查/研/究

> 我们在一切工作中,都要从照顾群众的利益出发,从照顾群众的经验出发,从依靠群众的力量出发。
> ——一九四三年六月,任弼时《共产党员应当善于向群众学习》

重点提纲

 **如何开展调查研究**

> 每个党员对待群众的态度,不是站在群众之上,而是站在群众之中,并有虚心向群众学习的决心。
> ——一九四三年六月,任弼时《共产党员应当善于向群众学习》

重点提纲

调 / 查 / 研 / 究

> 许多人并非在主观上没有为人民服务的愿望,但是他们仍然把工作做坏了,使群众受到重大的损失。这是因为他们自以为是先进分子,是领导者,比群众懂得多,因而遇事不向群众学习,不同群众商量,因而他们出的主意,经常在群众中行不通。
>
> ——一九五六年九月十六日,邓小平《关于修改党的章程的报告》

重点提纲

 **如何开展调查研究**

> 只有首先善于做群众的学生的人,才有可能做群众的先生,并且只有继续做学生,才能继续做先生。
>
> ——一九五六年九月十六日,邓小平《关于修改党的章程的报告》

重点提纲

调/查/研/究

> 不少机关的负责同志,把自己的绝大部分时间,用在处理文电和不必要的过多的开会上面,很少深入基层,深入群众,了解他们的要求和研究他们的经验,这就不可避免地陷入了事务主义和文牍主义的泥坑。
> ——一九五六年九月十六日,邓小平《关于修改党的章程的报告》

重点提纲

如何开展调查研究

> 从领导方法来说,只有从群众中来,才能到群众中去。
> ——一九六二年二月六日,邓小平《在扩大的中央工作会议上的讲话》

重点提纲

> 要听老实人的话,要听老实话。
> ——一九六二年二月六日,邓小平《在扩大的中央工作会议上的讲话》

重点提纲

如何开展调查研究

> 必须有系统地改善各级领导机关的工作方法，使领导工作人员有足够的时间深入群众，善于运用典型调查的方法，研究群众的情况、经验和意见。
> ——一九五六年九月十六日，邓小平《关于修改党的章程的报告》

重点提纲

调/查/研/究

> 党的正确的路线、政策是从群众中来的,是反映群众的要求的,是合乎群众的实际的,是实事求是的,是能够为群众所接受、能够动员起群众的,同时又是反过来领导群众的,这就叫群众路线。
> ——一九六一年十月二十三日,邓小平《提倡深入细致的工作》

重点提纲

如何开展调查研究

> 可以联系一个基层单位,比如联系一个工厂,一个学校,一个科学研究机关,一个地委或者县委,甚至一个农村基层组织,深入地了解情况。这样就可以对党中央更好地起到参谋和助手的作用。
>
> ——一九八二年九月十三日,邓小平《在中央顾问委员会第一次全体会议上的讲话》

重点提纲

调/查/研/究

要全心全意为人民服务,深入群众倾听他们的呼声。
——一九八五年九月二十三日,邓小平《在中国共产党全国代表会议上的讲话》

重点提纲

如何开展调查研究

> 不唯上，并不是上面的话不要听。不唯书，也不是说文件、书都不要读。只唯实，就是只有从实际出发，实事求是地研究处理问题，这是最靠得住的。
>
> ——一九九〇年一月二十四日，陈云《不唯上、不唯书、只唯实，交换、比较、反复》

重点提纲

调/查/研/究

> 交换，就是互相交换意见。比方说看这个茶杯，你看这边有把没有花，他看那边有花没有把，两人各看到一面，都是片面的，如果互相交换一下意见，那末，对茶杯这个事物我们就会得到一个全面的符合实际的了解。
> ——一九九〇年一月二十四日，陈云《不唯上、不唯书、只唯实，交换、比较、反复》

重点提纲

如何开展调查研究

> 我们做工作,要用百分之九十以上的时间研究情况,用不到百分之十的时间决定政策。所有正确的政策,都是根据对实际情况的科学分析而来的。
> ——一九五六年十一月十九日,陈云《做好商业工作》

重点提纲

调/查/研/究

> 必须充分发扬民主，发动广大群众和干部对我们的工作提意见。只有根据大家的意见，切实改正我们工作中的缺点、错误，才能把人们的积极性调动起来，真正把工作做好。
>
> ——一九六二年二月八日，陈云《怎样使我们的认识更正确些》

重点提纲

如何开展调查研究

> 事物是很复杂的,要想得到比较全面的正确的了解,那就必须听取各种不同的意见,经过周密的分析,把它集中起来。
> ——一九六二年二月八日,陈云《怎样使我们的认识更正确些》

重点提纲

调 / 查 / 研 / 究

> 领导机关制定政策,要用百分之九十以上的时间作调查研究工作,最后讨论作决定用不到百分之十的时间就够了。
> ——一九六二年二月八日,陈云《怎样使我们的认识更正确些》

重点提纲

 **如何开展调查研究**

> 一九六一年我在小蒸——我的家乡做调查研究工作,蹲了半个月。调查中发现,公家养猪的地方脏得一塌糊涂,小猪、大猪、病猪、好猪都吃一样的东西。我看到农民家里养的猪,干干净净,还捉泥鳅喂猪吃。所以,当时我主张把猪分给农民私养,包括大部分母猪。回到北京以后,我向书记处写了一个报告。那次我花了半个月,调查一个小蒸,一个乡就是了。
> ——一九八七年一月十六日,陈云《调查研究和党内民主生活制度问题》

重点提纲

调/查/研/究

> 调查研究的方法,我看不是一百多个部一个一个地都拿本子在书记处会上念一道,大家东插一句、西插一句,最后主持会议的讲一讲就通过了。调查研究的方法,也不是一个星期跑二十二个县,那样无非是坐汽车走一圈就是了。这种工作方法太简单。
>
> ——一九八七年一月十六日,陈云《调查研究和党内民主生活制度问题》

重点提纲

如何开展调查研究

> 怎样才能做到实事求是？当时我的体会就是十五个字：不唯上、不唯书、只唯实，交换、比较、反复。
> ——一九九〇年一月二十四日，陈云《不唯上、不唯书、只唯实，交换、比较、反复》

重点提纲

调/查/研/究

> 搞调查研究有两种方法：一种是亲自率工作组或派工作组下乡、下厂，这当然是十分必要的；另一种是每个高中级领导干部都有敢讲真话的知心朋友和身边工作人员，通过他们可以经常听到基层干部、群众的呼声。
> ——一九九〇年一月二十四日，陈云《不唯上、不唯书、只唯实，交换、比较、反复》

重点提纲

 **如何进行调查研究**

调/查/研/究

如何进行调查研究

调 / 查 / 研 / 究

如何进行调查研究

调/查/研/究